Antiquités

VENTE par suite de décès

D'UNE

Importante Collection Lilloise

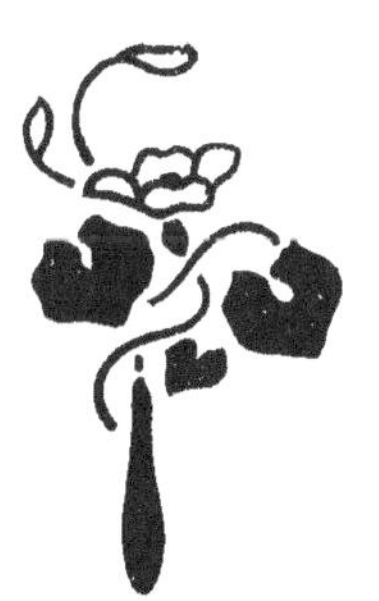

Commissaire-Priseur :

Mᵉ Aimé MOENECLAEY

Antiquités

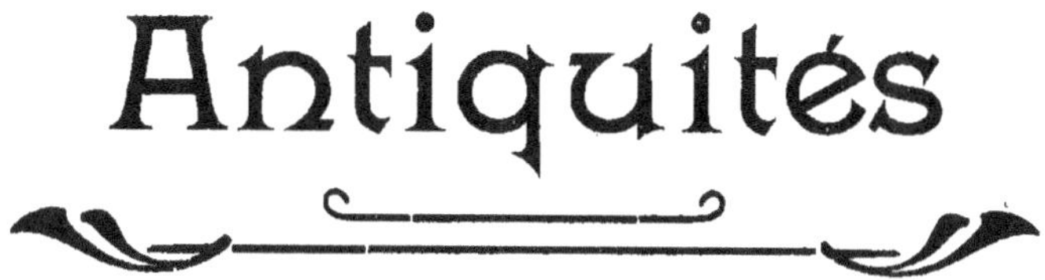

CATALOGUE

DES

Porcelaines, Faïences
Meubles anciens

DONT LA VENTE, PAR SUITE DE DÉCÈS, AURA LIEU

les Lundi 6, Mardi 7 et Mercredi 8 Novembre 1910

A DEUX HEURES PRÉCISES

à Lille, en l'HOTEL DES COMMISSAIRES-PRISEURS, 10, rue Jean-Roisin, 10, par le ministère de M⁰ Aimé MOENECLAEY, Commissaire-Priseur, demeurant à Lille, 15, rue de la Digue.

EXPOSITION :

Le Dimanche 5, de dix heures à une heure ; les **Lundi 6, Mardi 7, Mercredi 8 Novembre,** de dix heures à midi.

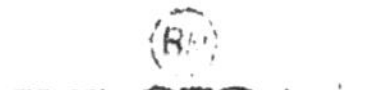

Conditions de la Vente

La vente est faite au comptant.

Les acquéreurs paieront **10 %**, *plus* **1 %** *de criée en sus du prix d'adjudication.*

L'exposition, mettant le public à même de se rendre compte de la nature, de l'état et de la qualité des objets, il ne sera admis aucune réclamation une fois l'adjudication prononcée.

Les objets adjugés seront conservés avec le plus grand soin, mais sans aucune responsabilité en cas d'accident. Ils devront être enlevés, au plus tard, le lendemain de la vente.

ORDRE DES VACATIONS :

LUNDI. — Du n° 1 à 45 inclus, 97 à 100 inclus, 104 à 111 inclus, 120 à 124 inclus, 144 à 154 inclus, 170 à 192 inclus.

MARDI. — Du n° 46 à 96 inclus, 101 à 103 inclus, 112 à 119 inclus, 125 à 143 inclus, 193 à 209 inclus.

MERCREDI. — Du n° 155 à 169 inclus, 210 à 246.
Les Meubles.

CHINE ET JAPON & DIVERS

1. 45 Assiettes Chine : au centre, médaillon avec paysage.
2. 31 Assiettes Cie des Indes : au centre, bouquet avec grosses fleurs roses.
3. 12 Assiettes Chine : au centre, bouquet d'œillets polychromes.
4. 20 Assiettes Chine : camaïeu rose avec rehauts d'or.
5. 12 Assiettes Japon : grande branche traversant le tout avec Martin-Pêcheur reposant.
6. 17 Assiettes Chine : décor au poisson.
7. 8 Assiettes Chine : au centre, grosse rose dorée.
8. 17 Assiettes Japon : au centre, grand bouquet fleuri, rougets sur le marli.
9. 6 Assiettes Chine, famille verte : décor de cygognes.
10. 7 Compotiers : paysage avec montagne et pagode.
11. 17 Assiettes Japon : semi de fleurs diverses.
12. 2 Assiettes : au centre, armoiries en polychrome.
13. 4 Assiettes Chine, famille verte : décor d'animaux fantastiques.
14. 33 Assiettes Chine : au centre, personnages dans un petit temple, riche marli en décor bleu.
    3 grands Plats et 2 petits.
15. 4 Assiettes Chine à 8 pans : au centre, personnages dans une petite barque se dirigeant vers un temple.
16. 9 petits Compotiers en Chine, à bords chantournés.
    1 grand Compotier.
17. 4 petites Assiettes de Chine : animaux fantastiques en bleu, quadrillées au marli.
18. 11 Assiettes Japon : bouquet au centre.
19. 15 Assiettes Japon : au centre, riche bouquet de grosses fleurs.
20. 5 Assiettes Chine : oiseaux posés sur des roseaux.
21. 2 Assiettes Chine : grande branche de roses.

21 *bis*. 5 Assiettes Chine : bouquet et semi de fleurs diverses.

22.   4 Assiettes Chine : au centre, pagode entourée
d'arbustes.

23.   9 Assiettes Chine : fleurs diverses.

24.   6 Assiettes creuses en Japon : semis de fleurs diverses.

25.   4 Assiettes Japon : oiseaux volant vers branches
fleuries.

26.   2 Assiettes Japon : décor au coq.

27.   39 Assiettes Japon : très riche décor de feuilles
d'acanthes.

15 plats.

27 *bis*.   9 Plats : même décor (à diviser).

28.   71 Assiettes Japon : au centre, riche décor de chrysan-
thèmes (à diviser).

5 Compotiers.

29.   19 Assiettes Japon : décor en plein dans le haut d'une
muraille cannelée, et dans le bas d'une pagode.

30.   27 Assiettes Japon : décor de rinceaux en plein, avec
2 cartouches fleuries.

31.   23 Assiettes Japon : au centre, pagode entourée d'une
haie, riche décor au marli.

8 Plats ronds assortis.

32.   24 Assiettes Japon : cartouche et médaillon fleuris.

32 *bis*.   3 Plats Japon : même décor.

33.   4 Compotiers en Japon : fleurs et papillons.

34.   4 Compotiers Japon : caissons et oiseaux fantastiques
au marli.

35.   6 Assiettes Japon avec pavillon.

2 Plats même décor.

36.   7 Assiettes Japon : marli à 3 larges rayons et
médaillons.

37.   5 Assiettes Chine à 8 pans, très riche marli, ustensiles
au centre.

38.   19 Assiettes Japon doré, décors divers assortis.

39.   14 Assiettes Japon : paysages avec pagode et barque.

40.   10 Assiettes Japon : riche décor d'arbustes avec pagode.

41.   6 Assiettes Japon : marli orné d'ustensiles japonais,
au centre un lapin.

2 Compotiers avec vase fleuri.

42. 12 Assiettes Japon : paysage avec pagode et rochers.
43. 8 Assiettes Japon : sujets avec quatre personnages.
    1 Plat même décor.
44. 9 Assiettes Chine : décor de rouleau sur lequel se
    trouve un perroquet.
45. 13 Assiettes Japon : semi de fleurs diverses.
46. 28 Assiettes Japon même décor.
47. 7 Assiettes Japon : grandes feuilles et vases divers.
48. 5 Assiettes : bambou fleuri.
49. 4 Compotiers Japon : marli à caissons, sujet principal :
    2 chinoises conversant.
50. 10 Assiettes forme octogonale : paysage au centre,
    riche marli polychrome.
51. 5 Assiettes Japon : sujet familial.
    Assiette en Japon polychrome et dorée, décor à
    personnages.
52. 11 Assiettes Japon : décor en plein formant en quelque
    sorte un décor polychrome avec dragon et large
    caisson circulaire.
53. 5 Assiettes Chine : au centre, grenade entourée de
    fleurs, marli gros bleu avec fleurs en relief.
    2 Assiettes ayant, au centre, paysage en camaïeu vert.
54. 4 Compotiers en Japon. Au centre, très grosse fleur
    avec deux guirlandes formant marli.
    3 Assiettes Japon : décor de rinceaux formant trois
    cartouches.
55. 12 Assiettes variées en Japon : grandes fleurs et
    feuillages.
56. 5 Assiettes Japon : au centre, pagode dans des arbustes,
    marli composé de riches rinceaux.
    4 Assiettes : pagode dans un paysage, fleurettes dans
    le marli.
57. 5 Assiettes : au centre, rosaces polychromes.
58. 5 Compotiers Japon : rouleau au centre.
    Vase à long col.
    4 Assiettes. Vase à long col garni de feuillage.
59. 8 Assiettes et 3 Compotiers : au centre, sujet d'inté-
    rieur, 3 larges bandes transversales au marli.

60. 5 grands Compotiers et 3 Assiettes : au centre, fleurs
sur rochers, 3 larges caissons bleus sur le marli.

61. 5 Assiettes Japon : au centre, très riche décor de
paysage.

62. 7 Assiettes Japon : dessins divers avec pagode dans
le centre.

63. 12 assiettes Japon sujets divers.

64. 5 compotiers Japon ; au centre feuilles de fougères.

65. 6 compotiers à bords dentelés et à marli godronné.
Décor de cornes d'abondance et fleurs polychromes.

66. 2 assiettes Chine forme octogonale, arbustes et fleurs
au centre, canard au marli.
Une assiette Chine famille verte, quadrillée au marli.
Une assiette Chine très riche décor polychrome au
centre.

67. 4 compotiers ; au centre vase fleuri large marli riche-
ment décoré.

68. 4 compotiers Japon. Marli formé de 6 caissons à
rayures quadrillées.

69. 11 plats Japon, au centre branche de grosses fleurs,
marli orné de papillons (à diviser).

70. 2 plats Japon décor bleu roi avec réserves en rouge
d'or.
Un autre plat un peu plus grand.

71. Un saladier famille rose, bouquets fleurs polychromes.

72. Un saladier Japon, marli formé de caissons alternant
en fond bleu et réserves avec oiseaux divers.

73. Un plat rond décor rayonnant de rosaces à cinq pans.

74. Un plat rond en Japon, décor en plein d'une large
branche de roses avec oiseaux guettant une mouche.

75. Un saladier Japon, décor de très grosses fleurs polychromes.

76. 3 petits plats creux, décor de paysages du centre.

77. Plat rond creux Japon. Au centre, vase avec fleurs et
plumes.

78. 2 saladiers, rosaces polychromes au centre, acces-
soires fleuris au marli.

79. 4 Saladiers Japon, fleurs au centre au marli, pagodes,
arbustes et 2 écussons bleu roi.

80. 3 Saladiers Japon, décor orné de 6 caissons, alternant de bleu roi et en réserves polychromes.
81. 4 Plats Japon en forme de losanges, très riche, décor de fleurs.
82. 2 grands Plats ronds en Chine : Chinois au milieu d'un riche parterre de fleurs polychromes.
83. Plat long à pans coupés en Chine : Scène de nombreux personnages en polychrome.
84. Plat long Chine à pans coupés et chantournés : Au centre, une Chinoise entourée d'une grosse fleur polychrome.
85. Très grand Plat rond creux, couvert d'un immense bouquet de fleurs polychromes.
    Très grand Dessus de plat rond, même décor et troué.
86. 2 petits Saladiers ronds en Japon, vase avec fleurs au marli.
87. Très grand Saladier rond, 4 cartouches portant une petite pagode, autre petite pagode au centre.
88. Plat rond en Japon : fougère sur rocher au marli.
    4 Bandes quadrillées.
89. Plat rond en Japon : au centre, groupe de femmes et enfants cueillant des fleurs.
90. Un petit Plat rond chantourné : au centre, panier fleuri.
91. 2 Plats ovales en grès de Chine : au centre, scène familiale, marli à fond d'or avec réserves contenant des paysages alternant en camaïeu bistre et rose.
92. 2 Bols à fruits en Japon, percés de trous, avec leur plateau de dessous, décor de caissons contenant des fleurs et des paysages.
93. 1 Plat à barbe en Japon : au fond, groupe de personnages suivi par un cavalier.
94. 6 petites Assiettes famille rose.
95. 2 Saladiers profonds en Japon, grande rose en bleu.
96. Un petit plat Japon, rosace formée de 6 caissons.
97. 3 grands Bols Chine, groupe de personnages.
98. 2 très grands Bols Chine à bordures bleues, scène de famille.

99.   2 grands Bols Chine, groupe de personnages.
100.   Un très grand Bol Chine: Cartouches avec scènes d'intérieur.
101.   Un Bol plus petit en Chine, famille rose.
102.   2 Bols Japon, grosse fleur en rouge et en bleu.
103.   2 Bols Chine, famille rose, décor de fleurs polychromes.
104.   Un corps d'Huilier en Chine polychrome.
105.   Un Légumier Chine, famille rose, décor de fleurs.
106.   Deux Saucières Japon avec leur plateau de dessous, décor de paniers fleuris.
    Une petite Saucière Japon, décor de fleurs.
107.   Deux Beurriers avec leur plateau en Japon, décor polychrome.
108.   Beurrier ovale en Japon, décor de fleurs.
109.   Un Confiturier, composé de quatre récipients se superposant.
110.   Deux petits Légumiers couverts, en Japon, décor de branchages fleuris.
111.   Beurrier couvert, famille rose, décor d'un rouleau fleuri.
    Autre beurrier pouvant faire le pendant du précédent.
112.   Beurrier couvert en Japon, décor de pagodes.
    Autre Beurrier pouvant faire le pendant du précédent.
    Autre beurrier plus petit.
113.   Quatre Légumiers Japon, couvercle avec bordure bleue et décor de fleurs.
114.   Soupière Japon, fretel ajouré, anses formées de deux têtes fantastiques.
115.   Petite Soupière Japon, couvercle décor de paniers fleuris.
116.   Petit Bol couvert, cartouches avec paysages.
117.   Deux pots à eau avec couvercle en Japon, très riche décor de fleurs polychromes.
118.   Deux pots couverts en Japon, décor de branchages fleuris.
119.   Vase cylindrique en Chine à anses, cartouches avec personnages.

120. Théière couverte, en Chine, famille rose.

121. Chocolatière en porcelaine de l'Inde, semis de fleurettes.

122. Cafetière, forme conique, en Japon avec couvercle à deux anses.

123. Boîte à thé cylindrique, en Japon, avec couvercle, décor de fleurs.

124. Boîte à thé en Chine, forme quadrangulaire, famille verte, bouchon argent.

125. Autre Boîte à thé plus petite : décor de nombreux personnages.

126. Deux Saucières en Japon à bec simple : décor de fleurs.
Une autre en Chine, famille rose.

127. 3 Saucières en Japon à double deversoir.

128. Surtout en Japon composé de cinq pièces : marli à décor de fleurs sur fond bleu.
3 pièces d'un autre Surtout plus grand.

129. Théière en Chine : décor de personnages.
Autre Théière Chine, famille rose.

130. 2 petites Burettes en Japon avec couvercles : fin décor de pagodes.

131. 4 autres Burettes en Japon, décor de fleurs de pécher.

132. 5 Tasses à bouillon avec couvercle, en Japon : décor de fleurs.

133. 8 grandes Tasses en Japon, décor divers.

134. Théière en Chine famille verte, oiseaux fantastiques.

135. Boîte à thé en Japon, guirlande de fleurs et sucrier couvert.

136. Pot à crème en Chine, décor en bistre.
Autre Pot à crème Chine, médaillon avec personnages.

137. Très petite Cafetière conique en Japon couverte, décor de fleurs.

138. Sucrier Japon à fretel, petits personnages en ronde-bosse prenant le thé.

139. Un Pâté couvert en Japon très chargé de décors polychromes.

140. Une Boîte à épices en Japon décor rayonnant.

Une autre Boîte à épices en Japon décor orné de quadrillés.

Une autre Boîte à épices montée sur piédouche.

141. 4 petits Pots couverts en Japon, décors de fleurs séparé par des bandes en bleu.

142. 2 autres petits Pots couverts en Japon, décor de coqs et de fleurs.

143. 2 Salières rondes en Japon, décor de rosaces rayonnantes.

Une autre Salière oblongue, en Japon.

144. 2 Salières forme chantournées montées sur piédouche.

Un sablier en Chine.

145. 3 Moutardiers en Japon.

146. 12 Tasses à café à forme ovoïde avec leurs soucoupes Cie des Indes.

12 Tasses à thé, même décor.

147. Service en porcelaine de Zurich décoré d'un paysage, composé de grandes cafetières, plus petites cafetières, pots au lait, 1 théière, 1 boîte à thé, 1 bol, 7 tasses à café, 14 tasses à thé, tout avec soucoupes, et 2 assiettes à gâteaux.

148. Service en porcelaine de Saxe, décoré de branches de fleurs, comprenant : cafetière, pot au lait, théière, sucrier, 6 tasses avec leurs soucoupes.

149. 8 Tasses avec soucoupes en Chine, famille rose.

150. 5 Tasses à thé avec soucoupes en Chine, décor de personnages.

151. 2 Tasses à café avec soucoupes, porcelaine de Saxe, à bouquets de fleurs.

152. 6 Tasses à café et soucoupes en Chine, famille rose.

153. 8 Tasses et soucoupes en Japon, décor de pagodes.

154. 5 Tasses à thé et soucoupes en Chine, à personnages.

155. 3 Tasses à café avec soucoupes, décor de fleurs en Japon.

156. 2 Tasses à thé avec leurs soucoupes, Cie des Indes, semis de fleurettes.

157. 4 Tasses à thé avec leurs soucoupes, Cie des Indes, décor en camaïeu rose.

158. 2 grandes Tasses à chocolat en Chine, décor en camaïeu rose.

159. 6 Tasses, Cⁱᵉ des Indes, avec leurs soucoupes, décor d'un vase fleuri.

160. 4 petites Tasses à thé avec leurs soucoupes, en Chine, famille rose.

3 Tasses à café avec leurs soucoupes, en Japon.

161. 6 Tasses à café sans soucoupes et petite Cafetière en Chine, décor en camaïeu rose.

162. 3 Tasses de décors différents en Chine.

163. 4 Tasses sans soucoupes, décor de personnages, en Chine.

9 Tasses à café sans soucoupes, Cⁱᵉ des Indes.

164. 32 Tasses à thé avec leurs soucoupes en Japon.

165. 9 Tasses en Japon sans soucoupes, décor de pagodes et fleurs.

166. 6 Gobelets cylindriques à anses en Japon.

167. 2 Sucriers en porcelaine de Lille avec plateau.

Lot de porcelaine de Lille, barbeau.

168. 2 Cornets en Chine, famille rose.

169. 2 Flacons de Chine à personnages, bouchons en argent.

170. Potiche en Chine à personnages, famille verte.

Autre potiche en Chine, famille rose.

171. Garniture composée de 5 pièces : 2 Potiches et 3 Cornets en Japon décorés de branchages fleuris.

172. Autre garniture plus petite en Japon, même décor, composée de 5 pièces : 3 Potiches et 2 Cornets.

2 Petites Potiches couvertes, forme allongée, décor bleu.

173. Petite Potiche en Chine, à médaillons avec personnages.

Autre petite Potiche à base godronnée.

174. 2 Potiches en Chine à panse déprimée, décor en relief de fleurs et d'oiseaux.

175. Lot de Tasses dépareillées.

176. 24 Assiettes, 1 grand Plat, 1 petit Plat, aux armes de la famille de La Tremouille.

177. 2 Manches de couteau en porcelaine de Saxe.

178. Petit Canard en grès de Chine.

FAÏENCES DE ROUEN

179. Plat rond, décor à la corne.
180. Soupière oblongue, décor à la corne.
181. Soupière ronde, décor au léopard.
181 *bis*. Grand Plat rectangulaire à pans coupés, décor bleu et rouille, panier fleuri et galon.
182. Plat à barbe, rocaille au marli, au fond Saint-Jean-Baptiste.
183. 2 petits Saladiers de forme carrée, décor à la corne.
184. 2 Jardinières demi-rondes, décor de fleurs.
185. 2 Compotiers, décor au vase Médicis.
186. Un autre Compotier, même décor.
187. Porte-Montre, décor de rocailles.
188. Deux petits Plats ovales, décor à la corne.
189. Pot à eau, décor de Chinois.
190. Pot à eau, décor à la corne.
191. Assiette, décor au vase Médicis.
192. Petite Assiette, fleur sur rocher.

Faïences de Lille et de la région du Nord

193. Pot au Canonnier Lillois.
194. Corps de Fontaine couvert, forme d'urne.
195. Chinois portant un flambeau.
196. Pot à eau, décor à la corne de Lille.
197. Encrier, décor de fleurs de fraisier.
198. Plat rond avec guirlande de fleurs.
199. Assiette à armoiries, marque de Lille.

200. Plat ovale, au centre personnage en bleu.
201. Autre Plat, pendant du précédent.
202. Petite Plaque (le mauvais ménage).
203. Plaque, personnage armé.
204. Statuette de femme portant des fleurs.
205. Fontaine couverte avec sa vasque, sujet rappelant le dicton populaire d'une fiancée « qui a trouvé chaussure à son pied ».
206. 2 Assiettes marque de Saint-Amand.
207. 2 Assiettes fleurs, faïence de Tournai.
208. Légumier émail, fond bleu, faïence de Saint-Omer.
209. Corps de Fontaine, en forme de Dauphin, émail vert, faïence de Saint-Omer.

FAÏENCES DE DELFT

210. Grande Bouteille côtelée, décor bleu.
211. Théière, Delft doré, décor de fleurs.
212. Beurrier formé par une corbeille de fruits.
213. Deux Vaches debout, formant pendant.
214. Compotier, Delft doré, marli godronné.
215. Fraisier ajouré avec plateau de dessous.
216. Aiguière côtelée en spirale.
217. Buste d'empereur romain.
218. Grande Bouteille à thé carrée, décor bleu.
219. Chandelier décor bleu.
220. Autre Chandelier avec armoiries.
221. Compotier à 8 pans, marli godronné, décor cachemire.
222. Assiette Delft doré avec pagode et rocher en émail noir.
223. Assiette décor bleu, initiale dans un cartouche.
223 *bis*. Vase en forme de pipe turque.

FAÏENCES DIVERSES

224. Assiette patronimique (Nevers) datée 1780.
224 *bis*. Petit Bouillon couvert, faïence de Sceaux, décor de fleurs.
225. Plat ovale Moustiers : grande armoirie en camaïeu vert.
226. Petit Pot au lait (Aprey).
227. Très belle Soupière ovale, avec plateau : riche décor de fleurs (Niédervilliers).
228. Petit Vase à deux anses, marque de Custine.
229. Baguier formé d'une statuette de Bacchus.
230. Petit Meuble à bijoux formé de deux corps avec nombreux tiroirs, angelots au fronton.
231. Théière couverte, l'anse formée d'une branche d'arbre.
232. Statuette de Jardinière.
233. Plateau sur piédouche, faïence italienne.
234. Deux Lampes à double bec, faïence italienne,
235. Plat ovale (Milan).
236. Grand Plat hispano-mauresque à reflets métalliques, écusson.
237. Médaillons en porcelaine de Sèvres, marqués Sèvres en creux, l'un marqué Brochard.
238. 2 Pots à lait couverts, et un Bol en porcelaine de Tournai : décor aux bouquets.
239. Plateau rectangulaire, à bords chantournés, en faïence de Marseille ; le décor représente le port de Marseille avec scène maritime.
240. 2 Jardinières demi-lunes, en faïence de Sceaux : décor de paysages animés.
241. Un Perroquet sur arbuste, en faïence allemande.

242. Un Groupe blanc, en porcelaine de Capo di Monti, représentant une scène galante entre un soldat et une fleuriste.

GRÈS DE NASSAU

243. Cruche de forme conique, mascarons au déversoir.
244. Cruche ovoïde : décor à boutons.
245. Petit Vase cylindrique : même décor.
246. Petite Cruche avec mascarons humains.

MEUBLES ANCIENS

Mobilier de salon Louis XVI, composé de 12 Fauteuils carrés, peints en blanc, garnis de soie verte. Écran assorti.

Mobilier de salon Empire, composé d'un Canapé, 3 Fauteuils, 1 Bergère et 8 Chaises.

Un Guéridon Ier Empire.

Deux Consoles Empire, dessus marbre.

Une Psyché Empire.

Petit Meuble en acajou, à 2 corps, la partie supérieure vitrée, dessus en marbre blanc, Ier Empire.

Autre petite Vitrine pouvant faire le pendant de la précédente.

Deux petits Meubles de coin en acajou, dessus en marbre, Ier Empire.

Deux petits Meubles de coin en bois de rose, garniture
cuivre.
Pendule Empire, sujet mythologique.
Pendule Empire, sujet allégorique de l'amitié.
Pendules dorée, sous globe, sujet allégorique, Ier Empire.
Deux Corbeilles en biscuit.
Petit Coffret gothique fer forgé.
Christ en ivoire, avec cadre Louis XIV en chêne sculpté.
Lot de Miniatures sur ivoires, Portraits.

IMP. H. MOREL, LILLE, 77, RUE NATIONALE.